LA VÉRITÉ

OU

L'ESPOIR DU PEUPLE.

AUX REPRÉSENTANTS.

AMIENS,

Imprimerie de Duval et Herment, place Périgord., 1.

1848.

Citoyens Représentants,

Pardonnez si je quitte un moment mes modestes travaux pour m'occuper du sort de la classe ouvrière. Si je me suis décidé à prendre la plume, c'est que la misère est devenue telle que les indigens ne savent plus à quels moyens recourir pour ne pas succomber. Je sais que vous allez vous occuper de leur sort et j'espère que vous ne ferez pas comme les Gouvernements précédents ; que vous ne bercerez pas le Peuple de vaines promesses. Ce sont elles qui ont perdu tous les Rois et notamment le dernier, car s'il avait écouté les avis de ceux qu'il croyait ses ennemis au lieu de prêter l'oreille aux courtisants, Louis-Philippe serait encore sur son trône. Nous croyons quelquefois que celui qui nous dit en face ce qu'il pense est notre ennemi, c'est une erreur ; il voit l'abîme où l'on veut nous conduire, s'il nous le montre, il est notre ami.

Le véritable ennemi du pouvoir, c'est le flatteur, qui cherche à lui fermer les yeux sur les abus qui se commettent ; il arrive un moment où il les ferme tout-à-fait de manière que l'autorité ne peut plus se conduire sans son guide ; alors il la mène au précipice ; voilà quel est son véritable ennemi.

Citoyens Représentants, si je me suis décidé à tracer ces lignes, c'est parce que j'espère que vous aurez plus d'humanité que vos prédécesseurs et que vous vous occuperez sérieusement de l'avenir des travailleurs. Je vais vous soumettre les idées que j'ai conçues pour leur soulagement.

Je ne crains qu'une chose, c'est que pour mettre mes projets à exécution, on ne rencontre des obstacles, mais qu'ils ne vous arrêtent pas ; car en prenant un autre chemin vous pourriez rencontrer des difficultés plus grandes : je livre d'ailleurs mes projets à votre expérience. Je me permettrai seulement d'observer que, depuis 1830, on a triplé les contributions ; on les a toujours payées sans trop se plaindre.

Aujourd'hui, d'après les principes de votre Gouvernement, il est probable que l'on pourra à l'avenir diminuer les charges qui pèsent sur tous les citoyens. Quelques-uns refuseront-ils de participer, selon leurs moyens, à soulager leurs frères ? S'il en était ainsi, nous n'aurions de République que le nom ; car la fraternité c'est l'un des principes sur lesquels elle repose.

C'est dans la vue de faire connaître le devoir de chacun que j'ai fait ce petit écrit. Plaise à Dieu qu'il soit profitable ! Je vous prierai d'observer que les douze premières pages ont été écrites avant la nomination de l'Assemblée nationale.

La Vérité ou l'Espoir du Peuple.

CITOYENS REPRÉSENTANTS,

Encore quelques jours et vous serez appelés à remplir une grave et importante mission, car vous allez tenir entre vos mains la destinée de toute la France; faites en sorte que nous n'ayons pas à nous repentir de vous avoir accordé nos suffrages. Permettez-moi aussi de vous faire connaître mes modestes mais sincères réflexions touchant la classe ouvrière.

Fils d'un simple, mais honnête ouvrier, j'ai su mieux que personne apprécier les difficultés qu'un travailleur est appelé à combattre et les souffrances qu'il doit supporter. Ce n'est pas le mendiant qui souffre le plus, car si on lui refuse d'un côté on lui donne de l'autre; celui qui souffre le plus c'est l'ouvrier laborieux, l'honorable père de famille qui ne peut par son travail subvenir aux besoins de ses enfants. Il est temps, croyez-le bien, de venir en aide à ce brave travailleur. Autrement il cherchera des ressources dans des moyens répréhensibles. Evitez ce malheur puisqu'il en est temps encore ; que chacun fasse un sacrifice selon ses ressources.

On a parlé récemment d'un établissement de crèches ; j'ai trouvé cette idée très-bonne, car la malheureuse mère de famille qui n'a pas de ressources , n'ayant pas ses enfants à soigner, trouverait moyen de gagner quelqu'argent pour subvenir aux besoins du ménage. Mais , à côté de la crèche, il faudrait, ce me semble, quelque chose de plus : ce serait une caisse de secours à laquelle contribuerait tout le monde pour sa cotepart. Voici comment je comprends l'établissement de cette caisse : chacun serait tenu de verser toutes les semaines une somme proportionnée à sa fortune, comme je l'ai dit plus haut. Il y aurait quatre cotisations différentes, soldées par toutes les personnes mâles , depuis l'âge de 15 ans jusqu'à 55 ans. La plus élevée serait d'un franc par semaine supportée par les plus riches propriétaires ; la seconde 75 centimes le serait par les rentiers intermédiaires, les fabricants et les négociants de premier ordre ; la troisième de 50 centimes serait payée par les marchands en détail de toute nature ; maître-ouvrier, etc. ; la quatrième de 25 centimes le serait par la classe ouvrière.

On me dira : mais c'est un impôt extraordinaire que vous demandez-là. Oui, c'est un impôt que je demande , car l'on ne doit plus souffrir la mendicité, et je prouverai qu'en acquittant ces petites sommes tout le monde ne fera que gagner, sauf l'avare qui fait un dieu de son argent et préférerait voir mourir de faim son semblable que de lui donner quelques secours. Celui-là, il est vrai, perdrait un peu de son or ; mais qu'importe ? l'acte de bienfaisance auquel il serait assujetti serait tout à la fois un soulagement pour l'infortune et un bien-être pour lui.

Le produit de cette contribution serait employé à soulager

les malheureux, à occuper les ouvriers sans travail, à payer la journée d'un ouvrier qui serait malade et à lui donner même quelques secours, ensuite à soulager la vieillesse et à la vêtir, car c'est une honte pour notre belle patrie qui possède tant de ressources que de voir de malheureux vieillards ou des mères de famille manquer de vêtements dans la rigueur des plus grands froids.

Le riche propriétaire qui a le cœur bon donnera moins, car l'avare payera comme lui. Cela ne l'empêchera pas, s'il veut faire du bien, de trouver quelqu'un qui recevra son offrande. Le rentier intermédiaire et le négociant gagneront aussi, le premier étant mieux payé, car s'il y a des personnes qui ne peuvent pas payer, la caisse de secours le remboursera. Les marchands ne perdront pas, car l'ouvrier qui sera aidé pourra acheter de quoi se vêtir. L'ouvrier, de son côté, en donnant 25 centimes, sera assuré d'avoir toujours ses journées dans sa jeunesse et du soulagement dans sa viellesse.

La preuve de ce que j'avance, c'est que si nous avions une caisse de secours dans ce moment-ci, on ne se trouverait pas forcé de demander aux contribuables une imposition extraordinaire dans une année malheureuse comme celle que nous traversons. On n'aurait pas laissé souffrir les ouvriers qui se trouvent sans travail, à cause de la fermeture des fabriques. Ayant des fonds suffisants, on aurait ouvert de suite de grands travaux de manière à employer tous les bras inactifs; ç'aurait été le moyen d'empêcher tous les rassemblements qui ont tué le commerce. Comment est-il possible que le commerce aille, quand on voit tous les jours sur les places publiques une foule d'artisans inactifs? Une grande partie d'entre eux n'avaient pas de mauvaises intentions; le manque de travail les condamne à l'oisiveté. Cela ne laisse pas cependant de susciter des inquiétudes, et c'est ce qui ne serait pas arrivé si nous avions eu des fonds de réserve. Une caisse de secours est donc indispensable.

Les recettes se feraient de la manière suivante :

Dans cinquante localités on élirait un citoyen qui se rendrait à domicile. Ce citoyen n'aurait aucune rétribution; cet emploi serait donné par vote, comme je l'ai dit. La durée de son emploi ne serait que d'une année. Ces fonctions seraient considérées comme très-honorables.

Toutes ces recettes seraient portées à la caisse de secours. Le trésorier général serait tenu de faire connaître, toutes les semaines, le montant des sommes que chaque receveur lui aurait remises. Il devrait aussi faire connaître les sommes qu'il aurait données à titre de secours ; on nommerait une commission de douze membres les plus notables de la ville. Ils se réuniraient à la mairie tous les lundis, pour entendre les déclarations des citoyens chargés des perceptions concernant les demandes des secours qu'on leur aurait faites, au moment de leurs recettes.

Aucune réclamation ne serait rejetée; si l'on doutait de la légitimité de la demande, l'un des membres de la commission se rendrait sur les lieux pour prendre des renseignements. A cet effet, on remettrait aux personnes qui demanderaient du secours un bon signé de douze membres que le caissier général serait tenu de payer au porteur. Le caissier garderait ces bons et les remettrait, tous les mois, à la commission, de manière à prouver que sa balance de compte est exacte. De cette manière, aucun abus ne pourrait être commis.

Comme l'homme honnête et laborieux doit toujours être récompensé, une prime de 10, 15, 20 et 25 francs serait, tous les ans, donnée aux ouvriers qui auraient su se faire remarquer par leur bonne conduite et leur assiduité au travail.

Je suis persuadé que chaque ouvrier fera son possible pour obtenir une de ces primes.

Les personnes charitables ne resteront pas encore en arrière dans cette occasion ; elles se feront un plaisir de venir distribuer des médailles de récompense aux honnêtes ouvriers qui auront par leurs conseils ramené dans le bon chemin des malheureux que l'oisiveté et les mauvais conseils en avaient détournés.

Mes chers concitoyens, pour arriver à ces résultats, il y a bien du chemin à faire ; je le reconnais ; mais que l'utilité du but soutienne les efforts que nous ferons pour l'atteindre.

Commençons par prendre de bons représentants qui sachent sacrifier leurs propres intérêts pour soutenir ceux de leurs compatriotes. Examinons bien quels sont leurs antécédents, car il en sera de nos représentants comme d'un grain que vous jetez dans la terre : s'il est bon, il germera et il vous profitera ; au cas contraire, il sera perdu et votre champ restera stérile.

Il en sera ainsi de nos députés ; si nous les choisissons bons ils nous feront profiter de la confiance que nous aurons mise en eux. Si, au contraire, nous choisissons des hommes qui n'ont su nous captiver que par de beaux discours accompagnés de vaines promesses, notre espérance sera trompée. J'aime à croire que tous ceux que l'on nous présente, d'une part comme de l'autre, ont de bonnes intentions. S'il en était autrement, tant pis pour eux, car Dieu, qui connaît tout, les traitera selon leurs mérites.

Revenons à la recette ; comme dans tous les temps il y a eu, et comme il y aura toujours des hommes qui veulent profiter de tous les avantages sans jamais délier les cordons de leur bourse, il se pourra que les receveurs rencontrent des personnes qui refuseront de payer la modique somme qu'on leur demandera pour le soulagement de leurs frères. Comme les receveurs n'auront aucune rétribution, il faudra prendre des mesures pour prouver au public que ces bons citoyens ne retiennent pas la modique somme qu'un cœur intéressé aura refusé de payer. Pour cela, voilà ce que je propose de faire : tous les citoyens, depuis 15 ans jusqu'à 55, n'importe de quelle condition, devront se présenter à la Mairie pour avoir un livret qui devra être présenté au receveur toutes les fois qu'il se présentera pour recevoir la cotisation. Le receveur devra écrire sur ce livret le montant de la somme qu'il aura reçue. Les receveurs particuliers auront, de leur côté, un livret, sur lequel le receveur-général devra énoncer le montant des sommes qui devront lui être remises chaque semaine.

Tous les livrets, en général, devront être rapportés à la Mairie à la fin de l'année, pour que l'on puisse s'assurer de l'exactitude des paiements et voir en même temps s'il n'y a pas eu quelque argent d'égaré, évènement très-peu probable.

Il y a encore un moyen bien simple pour que personne ne puisse refuser de payer. Comme dans la République règne l'égalité, tout le monde devra, quand il aura quelque demande à faire à la Mairie ou à la caisse de secours, être muni de son livret, afin de prouver qu'il a toujours payé ce qu'il devait à la caisse de secours. A cette condition seule, il sera fait droit à sa réclamation, soit pour passeport, soit pour obtenir quelque faveur, soit pour obtenir du secours. Tout cela ne sera accordé qu'après la vérification du livret. C'est une précaution peut-être inutile, car j'aime à croire que personne ne refusera de participer à ramener en France le calme et la confiance, seuls capables de faire marcher les affaires dans un pays qui a tant souffert depuis deux mois.

Mais pour ramener les affaires il faut, mes chers ouvriers, faire un retour sur vous mêmes; il ne faut pas demander plus que l'on n'est capable de vous donner. Il vous faut fuir les mauvais conseilleurs, les paresseux et les ivrognes qui ne rêvent que feu et sang. Prenez bien garde à cela, car ils cherchent à vous entraîner dans une mauvaise voie, d'où il est bien difficile de sortir. Il arrive très-souvent que, quand on parvient au bout de ce chemin, on en prend un autre; c'est celui que les mauvais sujets ne sont guère pressés de prendre, car ils savent fort bien qu'ils vont paraître devant le grand juge, devant celui qui ne laisse rien impuni, devant celui qui punit ou récompense chacun selon ses œuvres. C'est à ce moment, mes chers amis, que vous regretterez de ne pas avoir suivi mes conseils, car qu'est-ce que notre courte existence auprès de l'éternité qui nous attend? Bannissez de vos idées le projet d'association, car je pense que cela n'est guère possible, non pas que je prétende que M. Louis Blanc veut vous tromper. Je suis même persuadé qu'il désire votre bien; mais il pensait sans doute ne pas y rencontrer tant de difficultés; il s'abuse.

Du reste, je pense que vous n'y gagneriez pas; vous y perdriez, au contraire, un peu de liberté, car, en sortant d'une fabrique, vous auriez bien du mal à retrouver du travail dans une autre, en effet, n'y ayant plus de concurrence, il faudrait que vous passiez votre vie dans le même atelier, contents ou

non contents, si vous ne vouliez pas vous exposer à mourir de
faim dans la rue.

Croyez-moi, laissez les maîtres libres de leurs actions.
Restez libres aussi, de votre côté, d'aller travailler où bon vous
semblera, car je crains bien qu'ayant voulu avoir par trop de
liberté, vous n'en ayez plus du tout. Soyez persuadés que c'est
un véritable ami qui vous parle; mon bonheur serait à son com-
ble si j'avais pu, par mes faibles conseils, contribuer à votre
bonheur, à notre bonheur à tous, car, croyez-le bien, beaucoup
désirent comme moi la prospérité de leur pays.

Du reste, j'aime à croire que nos candidats ne nous font pas
de vaines promesses, qu'ils s'occuperont de notre pays et prin-
cipalement de vous qu'on a par trop longtemps négligés. S'ils
ne remplissent pas leurs engagements, ils travailleront contre
leurs propres intérêts; car, comme je l'ai dit plus haut, tôt ou
tard ils recevront punition ou récompense, si ce n'est en ce
monde, ce sera dans l'autre.

Rappelez-vous cette doctrine; « Dieu a dit : vous vous ai-
» derez les uns les autres; » mais il ne vous a pas autorisés à
dépouiller votre voisin de ses vêtements pour vous en revêtir,
laissez donc à César ce qui appartient à César; c'est la loi de
Dieu et la meilleure, car Dieu ne vous fera pas défaut.

Aucun maître ne devra prendre à son service qui que
ce soit sans s'être fait présenter son livret de la caisse de
secours, à moins d'une amende, afin de s'assurer si celui qui
se présente chez lui a payé exactement la modique somme de
25 centimes. S'il ne les a pas payés, il sera tenu de s'acquitter
à l'instant même de ce dont il sera redevable, et ce ne sera qu'à
cette condition qu'on lui donnera de l'emploi. Le bon sujet ne

doit pas payer pour le mauvais ; pas de préférence ; égalité pour tous.

L'ouvrier veut se créer une position. Si l'on veut adopter toute la proposition que je viens de faire dans cet écrit, je suis persuadé qu'avant quelques années, il se trouvera à la caisse de secours une réserve de plusieurs centaines de mille francs que l'on pourra placer au comptoir d'escompte, afin d'augmenter les ressources. N'oublions pas que le clergé sera tenu de donner sa côte-part.

Les recettes devront être faites toutes les semaines, parce qu'il sera plus facile à un ouvrier de payer 25 centimes, que 2 ou 3 francs. Les personnes aisées pourront, si elles le veulent, ne payer que tous les deux ou trois mois.

Un de mes amis m'a fait cette observation : Ce petit recueil est bien, si tous ces projets étaient mis à exécution ils pourraient être fort utiles. C'est dans l'intention de soulager la classe ouvrière que vous l'avez écrit. Eh bien, ce sont peut-être les ouvriers qui refuseront les premiers de payer leur côte-part. Celà est possible ; cependant, je doute qu'ils méconnaissent leur propre intérêt. Au reste, il y a moyen qu'ils payent une modique somme sans délier leur bourse. Comme d'après le système de M. Louis Blanc, les heures de travail seraient fixées, l'ouvrier qui voudrait gagner les 25 centimes y parviendrait en travaillant un quart ou une demie heure de plus par jour. Les maîtres seraient tenus de verser à la caisse de secours les 25 centimes ; je dis un quart d'heure ou une demie heure parce qu'il y a des ouvriers pour qui un quart d'heure est plus qu'une demie heure pour d'autres. Dans ce cas l'intelligence doit avoir sa part.

Le maître sera tenu de reconnaître toutes les semaines sur

le livret de l'ouvrier que celui-ci lui a laissé les 25 centimes par l'excédent de son travail. Les receveurs passeront dans toutes les localités afin de se faire présenter tous les livrets comme il est dit plus haut.

Tous les livrets devront être signés par les receveurs. Ils prendront note en même temps des sommes que les maîtres auront à rembourser pour le compte des ouvriers ; de cette manière il ne pourra se commettre d'abus. Je finis en observant que ces caisses de secours devraient être générales en France.

Citoyens ouvriers, ne critiquez pas tant M. L. Blanc ; il vous a peut-être fait un peu de mal ainsi qu'aux maîtres, mais soyez persuadés que son système vous profitera en ce sens que chacun va donner ses idées sur le travail. On finira par y trouver le moyen d'améliorer votre condition.

Le Gouvernement à l'intention de monter des ateliers nationaux, il ferait bien, ce me semble, d'y réunir le plus de corps d'états possibles. De cette manière un ouvrier qui n'aurait pas d'emploi dans un atelier particulier pourrait trouver dans ceux ouverts par le Gouvernement les mêmes occupations que dans celui qu'il vient de quitter.

On se propose, je crois, d'établir ces ateliers dans les campagnes ; il serait à propos, selon moi, de les placer dans des endroits isolés par la raison que les terrains un peu éloignés des villages sont généralement à plus bas prix que ceux qui en sont plus rapprochés. Ils sont de peu de produits par la raison qu'étant éloignés des villages, ils sont généralement mal cultivés, car le temps qu'on passe pour y aller ne peut être employé à les cultiver ; tandis que les terres qui avoisinent les villages sont presque toujours bien cultivées. Si dans une journée de mauvais temps il y a une heure de bon, c'est au champ le plus près qu'on va l'employer, c'est par cette raison que l'on ferait bien d'établir ces ateliers isolément. Par la suite on ferait des habitations, et les terres qui jusqu'alors étaient mauvaises deviendraient bonnes parce qu'elles seraient mieux cultivées. En attendant sans doute, qu'il y ait un village à côté de ces ateliers il faudrait nourrir ces ouvriers et les loger. On pourrait établir des logements au dessus des ateliers et une cuisine générale pour leur nourriture, ce serait un moyen de diminuer leur dépense; car il en coûte moins cher pour nourrir un grand nombre de personnes réunies que pour les nourrir en particulier. Ce projet aurait quelque rapport avec le système de M. L. Blanc. Il ne faudrait pas au reste, perdre de vue que l'ouvrier serait payé selon son zèle et sa capacité.

J'ai assez parlé suivant moi des ouvriers des villes; permettez-moi de vous entretenir un instant de ceux de la campagne.

Dernièrement je me trouvais dans un village, ou j'aperçus des terres dont la culture était très négligée, j'en fis l'observation à un fermier. Mais lui dis-je, monsieur, savez-vous que dans ce pays vos terres ne sont guère soignées? chez moi on se donne plus de peine pour cultiver. Comment voulez-vous donc, me dit le fermier, que nos terres soient bien cultivées; quand il se trouve dans notre pays un homme doué d'un peu d'intelligence et qui pourrait devenir un bon cultivateur, il quitte son pays pour aller à la ville chercher une fortune qu'il ne trouve pas toujours, il donne l'idée à ses camarades moins intelligents que lui d'en faire autant, de manière que nous nous trouvons toujours dans nos campagnes avec les mêmes hommes, c'est-à-dire, avec des gens dépourvus de capacité.

Les fermiers rougissent de faire de leurs enfants des laboureurs, ils les envoient dans les villes pour en faire des avocats et des notaires, assez souvent, il est vrai, ce sont des avocats sans cause et des notaires sans clients, les fermiers n'en dépensent pas moins beaucoup d'argent pour leur faire faire leur droit, et l'on nous enlève ceux qui nous seraient utiles.

Ce que vous venez de dire, il y a long temps que je m'en aperçois; il semble que l'on dédaigne un cultivateur, il y a long temps dis-je que j'aurais voulu trouver un homme à qui j'aurais pu faire connaître où est le mal et quel est le remède à y apporter.

D'abord je vous demande quels sacrifices vous faites pour retenir dans vos campagnes ces hommes, que leur intelligence et leur assiduité au travail vous rendraient si utiles, tandis que souvent dans les villes, ils perdent leur avenir et leur honneur; car le villageois honnête pense que chacun a le cœur droit comme lui; il se trompe, et il arrive souvent qu'il se laisse conduire à des débauches qui le déshonorent lui et sa famille, tandis que si l'on n'était pas si égoïste l'on conserverait tous ces braves travailleurs au milieu des campagnes et les malheureux parents n'auraient pas à rougir quand on prononcerait le nom de leurs enfants, que des mauvais sujets ont perdus.

Je ne vous comprends pas, me dit le fermier, lorsque vous dites que l'on pourrait retenir ces bons ouvriers malgré eux dans nos campagnes. Les villageois autrefois ne quittaient pas si facilement leur village, par la raison qu'ils avaient dans leur pays même une petite position; il n'y avait presque pas un ménager qui n'occupât 2, 3 et même 4 journaux de terre, cela lui permettait d'avoir une vache ou deux, d'engraisser quelque bétail, avec la vente de ces animaux il payait son fer-

mage ; s'il venait une journée de mauvais temps et qu'il ne
pût pas aller gagner sa journée aux champs, il trouvait toujours
à quoi s'occuper dans l'intérieur de son ménage, ce n'est pas
toute perte. Mais les anciens propriétaires sont morts, les jeunes
ont cherché à doubler leurs revenus, toutes considérations
ont été mises de côté, car il y avait si longtemps qu'ils occu-
paient ces terres de père en fils qu'ils les regardaient comme
leurs propriétés, ils ne pouvaient penser qu'on aurait jamais
songé à les leur retirer de suite ; mais on a commencé par
leur doubler le loyer, ces braves gens ont bien pu payer encore
pendant quelques années, parce qu'une partie d'entr'eux possé-
daient quelques petites choses et qu'ils ont tout sacrifié pour ne
pas laisser de taches à leurs enfants, car notez bien que plus
d'un villageois tient plus à l'honneur qu'à la fortune, vous
n'entendrez pas dire souvent en parlant de la campagne : un tel
a fait faillllite ; tandis que dans les villes on s'en fait un jeu ; il
y a même des personnes qui font de ce malheur spéculation.

Le ménager ayant épuisé toutes ses ressources et ne voulant
pas faire essuyer de perte au fils d'un maître à qui il avait quelque reconnaissance, a donc fini par rendre ses terres à un nouveau propriétaire plus égoïste que l'ancien. Il ne reste alors au
brave villageois, pour toute ressource, que sa modique journée
de cinquante centimes, pour nourrir sa famille. Encore s'il
vient une journée de mauvais temps, est-ce une journée perdue
pour lui, car il n'a plus comme autrefois de quoi s'occuper chez
lui.

Quand venaient autrefois les mauvaises journées d'hiver, il
se trouvait occupé, soit à battre le grain, soit à travailler le
chanvre et le lin, les femmes les filaient et tout le monde ga-
gnait un peu d'argent.

Les filateurs leur ont ôté cette ressource. Les fermiers font monter des machines qui font l'ouvrage d'une dizaine d'ouvriers dans le même temps.

Louis - Philippe a donné des médailles d'encouragement à ceux qui, par un nouveau procédé, avaient eu le talent de mettre cinquante pères de famille sans pain ; il aurait mieux fait de leur donner trois fois la récompense que d'avoir mis leurs projets à exécution. Que l'on récompense l'intelligence, c'est naturel, mais avant de laisser mettre certains projets à exécution, on devrait examiner soigneusement si les conséquences de ces innovations ne sont pas plus nuisibles que profitables, elles profitent quelquefois à un individu, mais on met dans la peine un nombre considérable de travailleurs ; il semble que l'on ne devrait plus balancer, et que la vanité doit céder la place à la nécessité.

Maintenant êtes-vous étonné s'il se trouve dans un village un homme doué d'un peu d'intelligence qui va de ville en ville chercher ce qu'on lui a ôté au lieu où il est né, c'est-à-dire du pain. Il est bien injuste de mourir de faim au sein de l'abondance, il y a maintenant dans les campagnes une misère dont on ne peut se faire une idée. Autrefois il ne se trouvait dans certains villages que sept ou huit pauvres au plus. Maintenant voyez combien il s'en trouve ! Vous serez effrayé.

Je disais, il y a un moment, que vous aviez peut-être fait du mal à tous ces ménagers sans vous en douter. Je vais vous dire comment cela est arrivé. Quand les ménagers ont rendu leurs terres aux propriétaires parce qu'ils ne pouvaient plus leur payer leur fermage ; comme en général, les fermiers possèdent quelque bien, les propriétaires sont toujours plus sûrs d'être payés de leur fermage que par les ménagers qui ne possèdent plus rien. Il en est résulté que l'on a donné aux fermiers tous ces coins de terre avec lesquels ils nourrissaient leur famille. Comme vous êtes fermier, il est probable que l'on vous aura donné aussi une part de ces terres. Le fermier me répondit : cela est vrai ; vous voyez donc bien, lui dis–je, que vous avez participé à leur ruine comme les autres sans vous en douter.

Quand vous n'auriez pas eu quelques coins de terre de plus à cultiver, cela vous aurait–il empêché de vivre ? Non, sans doute. Faites-bien attention à cette vérité, que celui qui croit tromper se trouve souvent trompé lui–même. Si vous et vos confrères, au lieu d'avoir pris les faibles ressources de ces malheureux, c'est–à–dire, ce que leurs pères regardaient comme leur propriété, vous aviez été trouver les propriétaires pour les engager à leur laisser ces petits marchés de terre, qui étaient une fortune pour eux ; si vous aviez fait cette démarche, vous auriez, au contraire, l'avantage de conserver au milieu de vous de braves travailleurs que vous dites vous–même être les meilleurs sujets du pays. Les père et mère ne se trouveraient pas délaissés dans leur vieillesse par leurs enfants. Vous autres vous auriez payé vos terres un peu moins cher, les propriétaires n'y auraient peut-être pas perdu non plus, par la raison qu'ils auraient toujours eu leurs fermages mieux payés. J'ai l'habitude de dire aux personnes, en face, tout ce que je pense. Je vais donc vous dire ce que j'entends des propriétaires. Quand on se présente chez eux pour quelque règlement, voici leur réponse : Je ne puis vous payer de suite, car je ne reçois pas mes fermages. Je ne sais si c'est la vérité ? Le fermier me répondit : il n'y a rien d'extraordinaire à ceci, car voilà dix-huit mois que je n'ai payé les miens.

Il n'y a là rien d'étonnant. Les terres sont louées pour ainsi

dire le double aujourd'hui qu'il a 15 ans. Or, les grains ne se
vendent pas plus cher, sauf l'année dernière. A Dieu ne plaise
qu'une pareille chéreté se reproduise ! Les terres ne sont pas
mieux cultivées qu'autrefois, par la raison, comme je l'ai dit plus
haut, que, quand il se trouve un homme intelligent, il quitte son
village ; on a l'air de faire mépris des agriculteurs ; l'on con-
sidère l'agriculture comme la chose la plus simple du monde.
Il y a même des établissements publics qui se trouvent blessés
de les recevoir. Mais que ferions-nous donc sans eux ? Que
ferions-nous s'il arrivait une année où ces braves travailleurs
se décourageraient, en voyant qu'ils n'ont pas de récompenses
pour leur peine ? que ferions-nous avec tout notre or, si nous
n'avions pas de pain, il faudrait mourir de faim tout en étant
dans l'opulence, et cela faute de prévoyance.

Croyez-moi l'estime du monde et la récompense de Dieu
sont mille fois préférables à toutes les richesses : car un bien-
fait n'est jamais oublié, tandis que la fortune se dissipe bien
vite. Que l'on y fasse bien attention, le monde augmente tous
les jours et les terres restent les mêmes. Au lieu d'encourager
les cultivateurs, on les charge de loyers que trop souvent, il
leur est impossible d'acquitter.

Je vais vous faire une comparaison : si vous avez un domestique qui travaille bien dans l'espoir d'obtenir la récompense
de ses peines, et si à la fin de son mois, vous ne lui donnez
rien, croyez-vous qu'il ne se trouvera pas découragé? il en
est de même des campagnards, quand ils verront qu'en se donnant tout le mal possible, ils ne pourront pas non plus con-
tenter leur maître, parce qu'ils ne pourront pas le payer, ils
feront comme leur domestique, ils finiront par laisser une
partie des terres incultes ; il en résultera que les propriétaires

pour avoir voulu trop gagner ne gagneront plus rien : et, quant à nous, nous mourrons de misère sur cette belle terre de France que Dieu nous avait donnée. Mais la terre est-elle donc si petite que chaque campagnard ne puisse en cultiver sa part ?

Il est temps que le Gouvernement s'occupe de nos besoins, qu'il ne perde pas de vue la misère déjà si générale et si grande. Si chacun comprenait bien son intérêt, l'on restituerait au ménager ce qu'il possédait autrefois, c'est-à-dire quelques coins de terre en payant le loyer.

Voilà comment j'entends cette restitution : sur dix journaux on en prendrait un pour ce dernier, le prix de ces terres serait fixée à 15 fr. de moins par journal que le prix d'aujourd'hui, pour ceux qui dépasseraient 50 fr. et 10 fr. pour ceux qui dépasseraient 40 fr.

Le Gouvernement remettrait 5 fr. du journal au propriétaire.

Supposons qu'il y ait autant de terres louées au-dessous de 50 fr. qu'au dessus, le propriétaire recevant 5 fr. du Gouvernement, il en résulterait qu'il perdrait 7 fr. 50 c. sur 10 journaux, réparti sur toutes les terres cela lui ferait une perte de 75 c. au journal. Refuserait-on donc de faire ce modique sacrifice pour soulager ses frères, je crois que les propriétaires finiraient par regagner cette petite perte, car il se trouve encore bien des terres qui sont louées à très-bas prix parce qu'on les croit d'un mauvais rapport étant mal cultivées, elles seraient très-bonnes si on en avait plus de soins, car rien n'est moins ingrat que la terre ; si vous lui donnez tous vos soins, elle vous récompense amplement.

Tous les travailleurs abandonnent les vieillards pour aller dans les villes disputer la journée à ceux qui n'ont que ce salaire pour toute ressource.

Celui-là ne quittant plus son village parce qu'il aurait, comme autrefois, devant lui l'espoir d'un petit avenir, il ferait de ces terres, qui ont été très-mauvaises jusqu'à présent, des terres d'un très-bon rapport. Les propriétaires qui les louent aujourd'hui pour peu de choses, dans quelques années pourraient peut-être assez augmenter les loyers pour regagner les 75 c. que leur feraient perdre mes projets pour le soulagement de tous nos frères; et nous ne nous trouverions pas exposés de manquer à jour de nourriture.

Si le monde augmente, les ressources augmenteront aussi, les braves campagnards seront reconnaissants des sacrifices que l'on aura faits pour eux; ils redoubleront d'activité pour faire fructifier la terre; et comme toute peine mérite récompense, on pourrait nommer des inspecteurs pour s'assurer quel est celui qui aurait mis plus d'ardeur à cultiver ses champs; une médaille de récompense et d'encouragement serait accordée, chaque année, aux fermiers et aux ménagers qui auraient apporté le plus de soins aux travaux de l'agriculture. Cela aurait lieu dans tous les villages.

Dans quelques communes il existe déjà quelque chose de fort bien imaginé pour apprendre les enfants à être de bons agriculteurs. On devrait l'imiter dans toutes les communes. Le moyen consiste à donner à l'instituteur un ou deux journaux de terre, autant que possible près de l'école et dont la commune paierait le loyer, ces pièces de terre seraient réparties en autant de portions qu'il se trouverait d'écoliers. On mènerait tous ces enfants une heure par jour à ces champs pour cultiver chacun leur part. Le produit de leur récolte serait d'abord pour eux et une médaille de récompense serait donnée à celui qui aurait le mieux cultivé sa part. De cette manière, quand un enfant cesserait d'aller à l'école il saurait déjà cultiver la terre c'est le moyen de leur faire prendre le goût du travail.

Revenons à ce que vous me disiez au commencement de notre conversation. Vous me disiez que tous les hommes intelligents quittaient leur village ; que les fermiers voulaient faire de leurs enfants des notaires et des avocats. Je vous ai dit quel moyen il fallait employer pour les conserver. Je vais vous faire comprendre maintenant l'intérêt de tous ces honnêtes fermiers. Beaucoup ne comprennent pas ; ils travaillent toute leur vie pensant laisser à leurs enfants une belle position. C'est l'opposé ; ils travaillent pour leur malheur sans s'en douter. Un fermier qui a trois garçons commence par examiner leurs capacités ; quand il les a bien reconnues il envoye ceux qu'il croit les plus intelligents dans de bonnes pensions ; ceci n'est pas mal. Mais, par la suite, leur père cherche les moyens d'en faire des hommes distingués. Il y en a qui parviennent. Mais le plus souvent ils ne font rien du tout ; je me trompe, ils font des dettes et comme ils se trouvent dans les villes des prêteurs complaisants ; quand le fermier vient à mourir, ce n'est pas toujours ses enfants qui recueillent ses biens ; celui qui est resté à la ferme n'a rien fait de bien, parce qu'il lui semblait que ses frères qui étaient à la ville étaient plus heureux que lui, parce qu'il les trouvait mieux vêtus. Il en résulte que quand le père meurt, comme je l'ai dit, il pense avoir laissé à ses enfants une certaine aisance ; il ne se doute pas qu'avant sa mort, une partie de son patrimoine est déjà passé dans les mains des usuriers. Or, c'est ce qui n'arriverait pas s'il avait fait de ses enfants des fermiers.

Si un fermier cultive deux ou trois cents journaux de terre,
qu'il n'hésite donc pas à les partager entre ses enfants ; qu'il
en fasse de bons laboureurs ; qu'il ne les envoie pas dans les
villes disputer les places à de malheureux commis qui n'ont
que leur plume pour toute ressource.

Ces enfants là ne rougiraient pas de leur père, parce qu'ils
porteraient eux aussi une blouse, ils travailleraient à l'envie ;
ils feraient fructifier leur propriété, et quand le bon vieillard
viendrait à mourir, les prêteurs complaisants n'auraient rien
à démêler dans la succession.

Les villageois sont dans les villes comme les oiseaux en
cage, ils aimeraient mieux la liberté des champs ; ils éprou-
vent les mêmes ennuis. Une grande partie d'entre eux vien-
nent disputer le salaire des ouvriers de la ville, ce n'est
pas par goût, mais par nécessité ; soyez bien persuadé,
en effet, que s'ils trouvaient à gagner leur vie convenable-
ment dans leur pays, ils ne le quitteraient pas. Dans quelque endroit que l'on soit né, on préfère toujours le pays qui
vous a vu naître. Qu'on emploie donc tous les moyens possibles pour procurer à chacun du travail dans son pays.

A ces réflexions j'ajouterai que la fabrication par la vapeur
est plus nuisible que profitable tant au maître qu'à l'ouvrier ;
afin d'ôter l'idée de monter des ateliers de ce genre, les fabricants seront tenus d'avoir toujours la moitié au moins des
ouvriers que leur fabrique pourrait occuper en la faisant
fonctionner par les procédés ordinaires, attendu que celui
celui qui conserverait ses machines à vapeur aurait toujours
plus d'avantage que d'autres. A partir de l'année 1850, tout
fabricant qui conserverait son système expéditif, serait tenu de
donner à la caisse de secours autant de vingt centimes par jour

qu'il occuperait d'ouvrier. De cette manière, les fabricants qui reprendraient l'ancienne méthode pourraient peut-être rivaliser avec la nouvelle, attendu que leurs ouvriers leur coûteraient moins cher, au moyen des vingt centimes donnés par les premiers, les ressources des ouvriers augmenteraient considérablement. L'ouvrier gagnerait sa vie aisément. Le commerce irait, car quand il gagne il dépense. Il est prouvé que c'est l'ouvrier qui fait marcher le commerce ; s'il gagne beaucoup il dépense de même.

Le Gouvernement pourrait s'adresser aux puissances pour qu'elles prennent les mêmes mesures, et comme on a presque toujours suivi au-dehors les sages actions de la France, je ne doute pas qu'elles s'empresseront de nous imiter dans cette occasion. On pourrait soumettre tous ces projets à la Chambre.

On devra cependant prendre en considération les fabriques de sucre, par la raison qu'elles sont déjà bien imposées ; ensuite, parce qu'il faut que la fabrication soit faite en temps opportun, à cause de la végétation. Seulement on ne doit plus autoriser de nouvelles fabriques.

Un défaut que l'on a encore à la campagne, c'est de faire des baux trop courts.

On loue généralement les terres pour 9 ans, quand un locataire arrive à la fin de son bail, c'est-à dire, quand il n'a plus que deux ans de jouissance, si le propriétaire ne se décide pas à le lui renouveler, espérant qu'un autre viendra lui offrir quelque chose de plus.

Celui-là commence par ne plus amender ses terres, pendant les dernières années du bail et ne rapportent par conséquent que la moitié de ce qu'elles devraient rapporter. Celui qui les reprend ensuite est de son côté, deux années à remettre ces terres dans leur état normal et pendant ces deux années, il ne récolte que la moitié de ce qu'elles devraient rapporter ; ceci n'arriverait pas, si elles étaient toujours bien cultivées et ne changeaient pas de locataires.

Je suppose qu'il n'y ait que la moitié des terres qui changent de maître tous les 9 ans, ainsi la répartie faite sur le tout, c'est une récolte totale que nous perdons tous les 9 ans.

L'on devrait faire attention à ceci ; on devrait faire des baux au moins de 18 ans, ce serait déjà la moitié moins de perte, supposant que le propriétaire change de locataire au bout de ces 18 ans, celui-là serait mieux payé, car, celui-ci ne serait plus obligé de faire si souvent des sacrifices pour l'amendement.

Quand une terre est en bon état, il ne coûte pas la moitié autant à l'entretenir qu'étant en mauvais.

Je vais vous faire une comparaison. S'il vous arrive un héritage et que vous soyez deux pour le partager, en aurez-vous une aussi forte part qu'étant seul ? Non, n'est-ce pas. Eh bien ! le locataire qui pendant plusieurs années, ne récolte que la moitié de ce qu'il devrait récolter et que ça lui coûte encore plus cher, croyez-vous qu'il puisse payer son loyer aussi facilement que s'il avait une récolte double ? Non, certainement.

Qu'arrive-t-il ? Le propriétaire a bien de la peine à recevoir son rendage ; du reste, ceci s'explique.

Que l'on n'hésite donc plus à faire les baux de 18 ans, dans l'intérêt de tous, du pays, du propriétaire et du locataire.

Le Gouvernement ferait bien aussi, quand il le pourra, d'acheter toutes les terres incultes.

On est effrayé de les cultiver, parcequ'il y a quelques dépenses à faire avant d'en tirer parti ; mais avec de la persévérance et de l'argent on parviendra à faire produire ces terres que jusqu'à présent, on a cru improductives et de toute impossibilité à cultiver, le mot impossible ne fut jamais un mot employé par le Français, comme l'a dit Napoléon ; le Gouvernement rendrait un service éminent au pays.

Revenons à la ville. Je vais m'efforcer de faire connaître, autant qu'il me sera possible, l'intérêt du propriétaire et du locataire de la ville.

On fait aussi les baux trop courts, dans l'intérêt de l'un et de l'autre. On loue assez souvent une maison pour six années ; pendant les 2 premières années on y dépense une grande partie des petits bénéfices, qu'on y fait en vue d'attirer la pratique.

Comme il y a toujours des personnes de peu de jugement, qui se figurent que c'est la position de la maison qui y fait faire de bonnes affaires ; ils vont trouver le propriétaire et ils lui offrent quelques 0/0 francs de plus que celui qui l'occupe.

Comme il est bien difficile de refuser de l'argent quand on vous en offre, le propriétaire croit que l'on fera toujours ses affaires dans sa maison ; dans la vue d'augmenter ses rentes, se laisse aller, assez souvent, il se trompe dans ses vues, il loue sa maison à un citoyen bien moins capable que le premier, et comme il est plus facile de chasser la pratique que de l'attirer, la maison se trouve vide, bien vide et le propriétaire qui a voulu avoir quelques 0/0 francs de plus, se trouve pendant quelque temps sans locataires, ceci assez souvent arrive.

Le premier locataire chassé de sa maison, va assez souvent d'un autre côté, manger le peu d'épargne qu'il avait fait, voilà donc trois personnes qui n'ont fait que perdre à ce changement.

Je désire et je voudrais de tout mon cœur, que l'on évite ces malheurs en faisant comprendre au propriétaire et au locataire leurs véritables intérêts ; à cet effet, je vais vous exposer mes projets.

Il faudrait que l'on fasse les baux de 21 ans.

Au bout de 3 ans le propriétaire pourra demander une augmentation s'il croit qu'il loue trop bon marché, de même que le locataire pourra aussi de son côté, s'il croit louer trop cher demander une diminution, et il pourrait se retirer si le propriétaire ne pouvait faire droit à sa réclamation.

Au résumé, si le propriétaire et le locataire sont satisfaits, le bail continuerait toujours jusqu'à concurence de 21 ans au même prix.

Cependant, le locataire serait libre de quitter tous les 3 ans, s'il est prouvé qu'il n'y a plus possibilité de pouvoir y faire ses affaires, le propriétaire ne pourrait exiger de lui que le loyer habituel.

Si le locataire quitte parcequ'il a fait de bonnes affaires et que dans l'espoir d'en faire de plus belles encore, il entre dans une autre maison, le locataire sera tenu de donner tant du 0/0 par an au propriétaire pour dommages et intérêts ; c'est-à-dire, que si la maison est louée 1,000 francs et qu'au bout de 9 ans le locataire veuille se retirer, il sera tenu de donner 900 fr. de dommages et intérêts pour les 9 ans. Il est tout naturel que, puisque le locataire aurait l'avantage de ne pas être renvoyé en payant son loyer, que le propriétaire ait de son côté quelque dédommagement.

Tout ceci aurait pour but d'ôter au propriétaire, l'idée de renvoyer un bon locataire pour en prendre un mauvais et par là, même lui assurer ses loyers ; d'éviter que le locataire ne soit pas dans la maison, qu'il loue comme l'oiseau sur la branche, n'osant faire aucune dépense par la raison que plus vous faites de frais pour embellir un établissement, plus vous attirez l'attention de ceux (comme je le disais plus haut) qui croient que c'est la maison qui fait marcher les affaires, il est bien vrai qu'elles se trompent ; mais ils ne font pas moins bien du mal à d'autres locataires et aux propriétaires.

Tous ces inconvénients ne pourraient avoir lieu, en faisant ce que je viens de vous énoncer ; car il n'y aurait pas tous les jours des individus chez les propriétaires pour leur faire des offres.

Le locataire n'hésiterait pas de faire quelque dépense, car il ne craindrait plus comme aujourd'hui qu'un autre que lui en vienne profiter. S'il lui viendrait envie de quitter l'établissement pour en prendre un autre plus considérable, il y regarderait à deux fois, car il se rappellerait qu'il a une indemnité à donner au propriétaire, ce ne pourrait être mal ; car comme on dit bien souvent, dans une rivière peu profonde on s'y baigne, on s'y amuse, au lieu que dans une grande on s'y noie bien plus facilement.

Nous sommes dans un siècle où il faut absolument que le Gouvernement s'occupe bien plus que jamais du bien-être du pays ; car personne aujourd'hui n'est content, chaque homme se croit le plus malheureux de tous les hommes, parce que nous voulons tous être plus que nous ne sommes, nous voulons tous monter où il nous est impossible d'arriver.

Si nous voulons être heureux, regardons ceux qui se trouvent encore dans un chemin que nous avons eu bien de la peine à franchir ; alors nous serons plus heureux, car aussi malheureux qu'on puisse être on voit toujours plus malheureux que soi. Ce n'est qu'en nous comparant à ceux qui sont plus bas que nous améliorons notre sort, car l'ambition perd l'homme.

Je vous ai fait connaître, à la vérité, mes idées. Je dois vous dire maintenant les bons effets, selon moi, que pourraient produire certains articles de ma petite brochure.

Commençons par la caisse de secours : supposons que vous la fassiez naître demain. Vous demanderez que tous ceux qui peuvent le faire, veuillent bien payer de suite ce qu'ils devraient à cette caisse, d'ici au mois de janvier; à cette condition, on leur ferait une remise de six pour cent au plus; ils seraient regardés comme de vrais patriotes. Vous en trouverez encore beaucoup qui le feraient, car tout le monde, en général, a intérêt à ce que le calme se rétablisse.

Comme d'après mes projets on devrait donner des habits à ceux qui leur est de toute impossibilité de pouvoir en acheter, on s'assurerait du nombre d'individus dans cette catégorie; le chiffre connu, faites aussitôt vos commandes pour la fabrication des étoffes et tout ce qui est nécessaire pour couvrir l'homme et la femme, pendant que l'on fabriquerait ces matières, il y aurait bien d'autres marchandises qui se vendraient et des fonds de magasins vidés, car ce serait un surcroît de commerce.

L'ouvrier qui depuis trois mois est très-turbulent parce qu'il y a des personnes qui lui font croire que l'on va faire comme sous les gouvernemens précédents, le nourrir de vaines promesses.

L'ouvrier dis-je s'apercevant que l'on cherche réellement à

le soulager fera de son côté, j'en ai la ferme conviction, tous ses efforts pour ramener la confiance, car il sait bien que c'est le seul moyen pour la reprise des affaires et que ce ne sera que quand les affaires marcheront bien que l'on mettra à exécution tous les projets pour son soulagement.

Il n'y aurait rien d'extraordinaire que quand toutes les étoffes destinées pour les pauvres seraient fabriquées, qu'on n'en aurait d'autres d'une plus grande valeur à fournir, car le commerce ne demande qu'à marcher, que le calme renaisse ; avec le calme la confiance ; avec la confiance le commerce.

On a l'intention de mettre un impôt sur le luxe, je crois que ce serait un grand tort, car si on impose le luxe il disparaitra; pas de luxe pas de commerce ;

J'aimerais mieux, pour compenser, mettre un impôt sur quelque chose moins pernicieux au pays.

Quant aux propriétaires je ferai encore un appel à leur générosité, pour fonder la caisse de secours, car ils désirent autant que nous voir cesser cette crise qui dure déjà depuis longtemps, ils feront encore cette fois tous leurs efforts pour contribuer à ramener la bonne intelligence entre le maître et l'ouvrier, que les mauvais conseilleurs voudront mettre en désaccord ; comme l'argent est très-rare celui qui aurait intention de donner quelque chose à cette caisse de secours et que les fonds lui manqueraient pourrait donner un bon payable à 2 ou 3 mois ; avec ces bons on pourrait payer les fabricants. Voilà ce que je puis dire pour la caisse de secours ; elle serait encore très-utile dans d'autres occasions, mais je ne puis me prononcer pour le moment.

Parlons maintenant de la fabrication par la vapeur.

Je compare la fortune à une construction, à tout il faut y mettre le temps pour que le travail soit bien fait. Autrefois on mettait une ou deux années pour construire une habitation importante ; mais aussi quand elle était bâtie c'était pour long-temps. Maintenant dans six mois on bâtit des édifices très-importants, mais aussi combien durent-ils.

La fortune est la même chose, autrefois on mettait plus de temps pour se créer une position opulente, mais quand on l'avait acquise c'était pour toujours parce qu'on travaillait avec une très-grande prudence, aussi entendiez-vous parler rarement des faillites ; aujourd'hui quand les affaires vont bien on gagne beaucoup d'argent en peu de temps, mais aussi on le perd de même.

La preuve de ce que j'avance c'est qu'on entend parler de faillite à tout moment ; ceci se comprend, quand les demandes se font sentir les fabricants font marcher leurs ateliers nuit et jour, de manière que les demandes cessent bien vîte ; il en résulte que leurs magasins se trouvent encombrés et comme généralement les fabricants ne travaillent pas seulement avec leurs fonds ; les prêteurs les voyant s'arrêter s'effraient, et exigent les rembours de leurs capitaux. Comme tout l'avoir du fabricant et même les capitaux du prêteur sont employés en marchandises il lui est de toute impossibilité de rembourser les fonds qu'on lui a prêtés, delà vient la faillite.

Les ouvriers qui avaient l'habitude de gagner double journée ont dépensé de même, de sorte que quand ils cessent de travailler il ne leur reste aucune ressource.

C'est dans l'espoir d'éviter tous ces malheurs que je demande que les fabricants soient tenus d'occuper toujours au moins la moitié d'ouvriers que leur fabrique peut contenir, car, quand les demandes se feraient, ils travailleraient avec prudence et ne travailleraient pas autant de nuit que de jour, de manière que si les demandes cessaient ils ne se trouveraient pas engorgés de marchandises. Ils peuvent, avec la moitié de leurs ouvriers, travailler pour mettre dans leurs magasins. Le prêteur n'a aucune inquiétude de ses fonds, il ne pense nullement à les retirer. Le fabricant peut, par ce moyen, accorder un peu plus de temps pour les règlements. Il est bien possible que l'on fasse encore sa fortune bien vite, car le commerce allant, on aurait beaucoup moins de faillites; l'ouvrier n'aurait pas de journées doubles de temps en temps, mais il les aurait assurées, il réglerait sa dépense sur ses ressources, de manière qu'il ne serait pas plus malheureux demain qu'aujourd'hui; je dis qu'il aurait toujours sa journée, parce que si les fabricants renvoient la moitié de leurs ouvriers la caisse de secours devra occuper l'autre moitié. Comme elle ne pourra jamais donner de si grosses journées que le fabricant, du moment que celui-ci en renverra la moitié il devra les occuper chacun leur semaine pour qu'ils n'en aient qu'une mauvaise sur deux, ou il garderait les pères de famille.

D'après le nouveau règlement pour le travail, on a déjà retiré de grands avantages aux fabricants

Je crois qu'il serait de toute impossibilité que le fabricant soit assujéti à donner 20 c. par jour par chaque ouvrier pour la caisse de secours, car ce pourrait être un obstacle pour soutenir la concurrence au dehors. Le maître serait exposé à manger de l'argent sans que ce puisse être utile à l'ouvrier, car cet impôt pourrait quelquefois lui faire manquer bien des entreprises.

Citoyens Représentants·,

Si vous trouvez mes projets bons et que vous craigniez
de les mettre à exécution , par la raison que vous penseriez
qu'ils ne pourraient convenir à tout le monde, une seule
chose vous reste à faire pour que vous n'ayez rien à vous re-
procher c'est de mettre ces projets aux voix dans toutes les
communes, vous verrez alors quelle serait la marche que
vous auriez à prendre à cet égard.

Si plus tard nous manquons du nécessaire, si les propriétaires ne reçoivent pas leurs loyers, si les négociauts ne font
pas d'affaires , si l'ouvrier n'a pas de travail , si le pauvre n'a
pas de soulagement c'est qu'on l'aura voulu ; il n'y aura rien
de votre faute.

Voilà toutes les idées d'un homme qui n'a aucune opinion
politique; le désir d'être utile à son pays l'a guidé dans cette
circonstance.

J'ai fait ce petit recueil dans l'espoir qu'il sera utile à tout'
le monde , aussi bien au riche qu'au pauvre ; s'il se trouvait
dans les lignes que je viens de tracer quelques mots désobli-
geants, je prie celui qui s'en offenserait de vouloir bien me
pardonner , car je ne l'aurai pas fait avec intention.

Un grand nombre de personnes ne pourront pas croire , sans
doute, que c'est un homme qui ne s'est jamais occupé de politique qui a fait cet écrit ; elles croiront que j'ai été aidé dans
mon travail , je l'ai été , en effet·, mais c'est par la Provi-
dence , elle seule m'a guidé pour reproduire mes pensées , si
elles ne font pas de bien , du moins elles ne pourront nuire à
qui que ce soit , cette idée a soutenu moncourage.

Tous ces projets ont pour but de soulager la misère qui est déjà bien grande.

De donner aux malheureux quelques vêtements, de manière qu'ils n'inspirent plus la pitié publique car la misère ne doit pas exister dans le beau pays de France.

D'assurer du travail à l'ouvrier et que le maître ne soit pas tracassé par une association impossible.

D'empêcher le déshonneur d'honorables familles par le moyen que leurs enfants étant inactifs, ces derniers commettent des crimes.

De ramener le calme et la confiance en France qui sont seuls capables de faire renaître le commerce.

D'éviter toute faillite qui ôte toutes les ressources de l'ouvrier et fait la perte du maître.

A ôter un peu des revenus des propriétaires, mais de leur assurer le reste.

De rendre aux campagnards l'énergie qu'ils ont perdue, chose si utile à notre existence.

Vous êtes sur le point d'avoir la guerre, d'après toutes vos belles actions vous trouverez à l'étranger plus d'amis que d'ennemis par la raison que tous les peuples désireront appartenir à cette belle France qui aurait su comprendre et prendre part aux souffrances des malheureux, voilà du moins le ferme désir d'un citoyen qui ne souhaite que le bonheur de tout le monde.

J'entends ici les réflexions d'un grand nombre de personnes à la lecture de ce projet : je les entends dire : « Tout ceci est très-bien ; mais, c'est beaucoup plus facile à dire qu'à exécuter. » — Oui, je l'avoue, il est toujours très-difficile de faire une bonne action ; on en a si peu l'habitude ! il serait bien plus aisé d'en faire une mauvaise. On est généralement mal reçu quand on demande même une chose due. Au contraire, on est toujours accueilli avec empressement quand on donne.

Eh bien ! si nous voulons qu'on nous donne, il faut que nous donnions aussi. Si vous voulez qu'on paie vos créances commencez par payer vos dettes. L'aumône est aussi une dette ; c'est celle que la religion et l'humanité imposent à tous les hommes pour le soulagement de l'infortune. De cette vie, la reconnaissance publique en est le prix ; elle trouve ensuite au ciel une éternelle récompense.

Salut et fraternité.

SÉRAPHIN DEFRANCE

Amiens. — Imp. du Duval et Herment.

www.ingramcontent.com/pod-product-compliance
Lightning Source LLC
Chambersburg PA
CBHW060747280326
41934CB00010B/2386